Trading Basico

Jackson Brooks

Página de Derechos de Autor

Indice

Mitos y Verdades

El mundo del trading está lleno de mitos que, en muchos casos, pueden hacer que los principiantes entren con expectativas completamente erróneas. Estos mitos no solo distorsionan la realidad, sino que también pueden llevar a muchos a tomar decisiones equivocadas desde el principio. Por eso, es importante desenmascarar algunos de los mitos más comunes y compararlos con la verdad, para que cualquier persona que quiera entrar al trading lo haga con una idea más clara de lo que realmente puede esperar.

Uno de los mitos más frecuentes es que para ser un buen trader necesitas ser un genio de las matemáticas o tener un título avanzado en finanzas. La realidad es muy diferente. Aunque es cierto que tener conocimientos financieros puede ayudar, la habilidad más importante en el trading no es ser un experto en números, sino entender cómo funcionan los mercados y, más importante aún, cómo funcionan tus propias emociones frente al dinero. Muchos traders exitosos comenzaron sin experiencia formal en finanzas, pero se dedicaron a aprender los fundamentos del análisis técnico, la lectura de gráficos y a gestionar sus emociones cuando enfrentaban pérdidas o ganancias. El trading no es una ciencia exacta; es más un arte en el que la experiencia y la práctica constante juegan un papel fundamental.

Otro mito que es común escuchar es que el trading es una forma rápida y fácil de hacerse rico. Nada podría estar más lejos de la verdad. Las historias de personas que ganan millones de dólares en poco tiempo son tentadoras, pero muchas veces son casos excepcionales, y los medios suelen ignorar las pérdidas que otros traders enfrentan en el proceso. El trading requiere tiempo, esfuerzo y, sobre todo, paciencia. La mayoría de las personas que comienzan con la idea de enriquecerse rápidamente suelen enfrentarse a grandes frustraciones cuando las cosas no salen como esperan. Además, el éxito en el trading no solo se mide en términos de ganancias rápidas, sino en la consistencia a lo largo del tiempo. Los traders exitosos no buscan hacer grandes cantidades de dinero en poco tiempo; buscan mantener un crecimiento constante y evitar grandes pérdidas.

También es común oír que con el trading puedes trabajar desde cualquier parte del mundo, en cualquier momento, y sin tener que seguir un horario fijo. En parte, esto es verdad, ya que la flexibilidad del trading es una de sus grandes ventajas. Puedes operar desde una computadora portátil o incluso desde tu teléfono móvil, y los mercados están abiertos prácticamente todo el día, dependiendo del tipo de activo con el que trabajes. Sin embargo, esta flexibilidad tiene su precio. Aunque no tengas un jefe, debes imponerte una disciplina rigurosa. No es como jugar a un videojuego donde puedes entrar y salir cuando quieras. Para tener éxito, necesitas establecer horarios de trabajo, estudiar los mercados, analizar tus operaciones y estar al tanto de las noticias económicas que podrían afectar tus inversiones. En resumen, el trading te da libertad, pero esa libertad viene acompañada de la necesidad de ser responsable y mantener una rutina.

Un mito más es que solo necesitas una "estrategia mágica" para ganar dinero en el trading. Es común que muchos principiantes busquen la fórmula perfecta que les permita ganar siempre. Sin embargo, la verdad es que no existe una estrategia que garantice el éxito en todas las operaciones. Los mercados financieros son impredecibles y están influenciados por muchos factores, desde cambios políticos hasta eventos globales como pandemias o desastres naturales. Las estrategias de trading deben adaptarse a las condiciones cambiantes del mercado y lo que puede funcionar hoy, quizás no funcione mañana. Además, incluso con una estrategia sólida, es imposible eliminar el riesgo por completo. Todo trader, por muy experimentado que sea, enfrenta pérdidas en algún momento. El objetivo no es evitar las pérdidas por completo, sino gestionarlas de manera que no afecten tu capital de forma significativa.

Otro mito que puede ser engañoso es que necesitas grandes cantidades de dinero para empezar a hacer trading. Es cierto que hace años era necesario tener un capital considerable para acceder a los mercados financieros, pero hoy en día, gracias a las plataformas digitales, es posible comenzar con una inversión relativamente pequeña. Sin embargo, aunque no necesites miles de dólares para empezar, es fundamental entender que operar con poco capital también conlleva sus desafíos. Cuando tu capital es pequeño, debes ser más cuidadoso con el riesgo, ya que una pequeña pérdida puede tener un impacto mayor en tu cuenta. La clave está en aprender a gestionar el riesgo desde el principio y no dejarse llevar por la idea de que ganarás mucho dinero con poco esfuerzo solo porque empezaste con una cantidad pequeña.

Finalmente, existe el mito de que solo los profesionales pueden ganar en el trading, y que los principiantes están condenados a perder dinero. Esto no es completamente cierto. Si bien es verdad que el trading es un entorno competitivo donde muchos pierden dinero, los principiantes tienen la posibilidad de aprender y mejorar con el tiempo. El trading es una habilidad, y como cualquier habilidad, se puede desarrollar con práctica y estudio. Además, hoy en día existen muchos recursos educativos accesibles, desde tutoriales en línea hasta libros y cursos, que permiten a los nuevos traders aprender los fundamentos sin necesidad de ser expertos desde el principio. Lo importante es no apresurarse, estudiar lo suficiente y comenzar a operar de forma controlada para adquirir experiencia sin poner en riesgo todo tu capital.

En conclusión, el trading es una actividad que está llena de mitos y malentendidos. Es fácil dejarse llevar por las promesas de dinero rápido y libertad absoluta, pero la realidad es que el éxito en el trading requiere disciplina, paciencia y una mentalidad abierta para aprender de los errores. No necesitas ser un genio ni tener mucho dinero para empezar, pero sí es fundamental tener una actitud realista y un enfoque a largo plazo si quieres tener éxito en este mundo tan fascinante y desafiante.

¿Es el Trading para Todos?

El trading es una actividad que ha captado la atención de muchas personas en los últimos años, especialmente con la expansión de las plataformas digitales que lo hacen más accesible que nunca. Es común ver anuncios que prometen grandes ganancias y libertad financiera, lo que genera curiosidad y entusiasmo en quienes buscan una forma alternativa de generar ingresos. Sin embargo, surge una pregunta importante: ¿es el trading realmente para todos? La respuesta, aunque compleja, es que el trading no es adecuado para todas las personas, y no porque sea una actividad elitista o inaccesible, sino porque requiere un conjunto específico de habilidades, actitudes y características personales que no todos poseen o están dispuestos a desarrollar.

Para empezar, el trading demanda una capacidad para manejar el estrés y la incertidumbre. A diferencia de otros trabajos donde se tiene un salario fijo y ciertas garantías de estabilidad, el trading es una montaña rusa emocional. Los mercados son impredecibles, y los cambios en los precios pueden generar grandes ganancias o pérdidas en cuestión de minutos. No todas las personas están preparadas para lidiar con este nivel de volatilidad. Aquellos que son más sensibles al estrés o que se sienten abrumados cuando enfrentan situaciones de incertidumbre, probablemente encontrarán el trading muy difícil de manejar. Además, es fácil dejarse llevar por las emociones, ya sea la euforia de una ganancia o el miedo y la frustración de una pérdida, lo que puede llevar a tomar decisiones impulsivas. En el trading, la capacidad para mantener la calma y actuar de manera racional, incluso cuando las cosas no van como esperas, es una habilidad esencial.

Otra cualidad importante es la disciplina. El trading no es un juego de azar donde lanzas tus apuestas y esperas que la suerte haga el resto. Es un proceso que requiere una planificación cuidadosa, un análisis constante y, sobre todo, el seguimiento de un plan. Los traders exitosos desarrollan estrategias claras y se adhieren a ellas sin importar las tentaciones de desviarse del camino. Esto significa que debes ser disciplinado, seguir tus reglas, y evitar tomar decisiones basadas en corazonadas o emociones momentáneas. Para muchas personas, esta es una de las partes más difíciles del trading. En un entorno donde las oportunidades parecen surgir todo el tiempo, es fácil caer en la trampa de operar en exceso o correr riesgos innecesarios. Si no eres una persona disciplinada por naturaleza, podrías tener dificultades para lograr el éxito en el trading.

Además de la disciplina, el trading requiere paciencia. Los mercados no siempre se mueven en la dirección que esperas, y puede tomar tiempo antes de que una oportunidad rentable aparezca. A menudo, los traders novatos se sienten impacientes y quieren operar de inmediato, creyendo que mientras más operaciones hagan, más dinero ganarán. Sin embargo, la realidad es que operar en exceso, conocido como "overtrading", es una de las principales razones por las que muchos traders pierden dinero. Ser un buen trader significa esperar pacientemente el momento adecuado para actuar y no dejarse llevar por la prisa. La paciencia es clave para evitar errores y maximizar las oportunidades, y no todas las personas tienen la capacidad de esperar el tiempo necesario sin caer en la desesperación o el aburrimiento.

Otro aspecto que se debe considerar es la tolerancia al riesgo. El trading implica inevitablemente la posibilidad de perder dinero. De hecho, es casi seguro que, en algún momento, perderás en alguna operación, y quizás pierdas mucho más de lo que esperabas. Por esta razón, es crucial que las personas que se dediquen al trading tengan una mentalidad que les permita asumir el riesgo sin miedo ni ansiedad. Si eres alguien que se angustia demasiado ante la idea de perder dinero o si prefieres la seguridad de un ingreso constante, el trading probablemente no sea la mejor opción para ti. Los traders exitosos entienden que las pérdidas son parte del juego y que lo importante es gestionar el riesgo de manera que una pérdida no afecte significativamente su capital. Este tipo de mentalidad requiere una gran fortaleza emocional, ya que el miedo al fracaso o a perder dinero puede paralizarte o llevarte a cometer errores.

La capacidad de aprender de los errores es otra cualidad fundamental para los traders. En el trading, como en la vida, no todo sale siempre como lo planeamos, y los errores son inevitables. Lo que marca la diferencia entre un trader exitoso y uno que fracasa es la capacidad de aprender de esos errores y adaptarse. Cada vez que cometes un error, tienes la oportunidad de analizar lo que salió mal y mejorar tu enfoque. Sin embargo, no todas las personas están dispuestas a aceptar sus fallos. Hay quienes prefieren culpar al mercado, a la mala suerte o a factores externos, en lugar de asumir la responsabilidad de sus decisiones. Si no estás dispuesto a aprender de tus errores y ajustar tu estrategia, el trading puede ser un camino muy frustrante.

Otro factor importante es la disponibilidad de tiempo y energía. Aunque el trading puede ser flexible en términos de horarios, no significa que no requiera dedicación. Para ser un trader exitoso, necesitas tiempo para aprender, estudiar los mercados, analizar gráficos y estar al tanto de las noticias que pueden influir en los precios de los activos. Muchas personas ven el trading como una actividad que pueden hacer en su tiempo libre, pero la verdad es que, al menos en las primeras etapas, el trading demanda una gran cantidad de tiempo para aprender y desarrollar las habilidades necesarias. Si no estás dispuesto a dedicar el tiempo necesario para aprender y mejorar, será difícil que logres resultados consistentes.

Por último, es importante tener un capital adecuado. Aunque hoy en día es posible empezar a hacer trading con una cantidad pequeña de dinero, es fundamental que cualquier persona que desee involucrarse en el trading no lo haga con dinero que no puede permitirse perder. El trading conlleva riesgos, y es vital que las personas se sientan cómodas con la posibilidad de perder su inversión. Si estás operando con el dinero que necesitas para cubrir tus gastos básicos, la presión será enorme, lo que aumentará las probabilidades de cometer errores impulsivos. Operar con una mentalidad de "no puedo perder" es una receta para el desastre en el trading.

En resumen, el trading no es para todos. Aunque es una actividad fascinante y potencialmente rentable, requiere una combinación de habilidades, actitudes y recursos que no todas las personas tienen o están dispuestas a desarrollar. Para aquellos que disfrutan de los desafíos, tienen tolerancia al riesgo, son pacientes, disciplinados y están dispuestos a aprender de sus errores, el trading puede ser una opción atractiva. Sin embargo, es importante que cada persona evalúe sus propias características antes de sumergirse en este mundo. La clave del éxito en el trading no está en seguir una fórmula mágica, sino en conocerse a sí mismo y estar preparado para enfrentar los desafíos que vienen con esta actividad.

Curiosidades del Trading a lo Largo de la Historia

El trading, aunque parece una actividad moderna gracias a la tecnología y a las plataformas digitales, en realidad tiene una historia fascinante que se remonta a siglos atrás. Desde los primeros intercambios de bienes y productos en los mercados antiguos hasta las complejas operaciones financieras de hoy en día, el trading ha estado presente de una forma u otra en la vida de los seres humanos. A lo largo de la historia, han ocurrido eventos curiosos y sorprendentes que han influido profundamente en la manera en que los mercados funcionan en la actualidad. Conocer estos momentos históricos no solo nos permite entender mejor el trading, sino también aprender valiosas lecciones que se aplican incluso en el mundo financiero moderno.

Uno de los primeros ejemplos de trading en la historia puede encontrarse en las antiguas civilizaciones de Mesopotamia, donde la gente practicaba el trueque, intercambiando productos como grano, animales y metales preciosos. El trueque era una forma temprana de trading, y aunque parece muy simple comparado con lo que conocemos hoy, sentó las bases para el comercio. Con el tiempo, las personas comenzaron a usar monedas de metal, como el oro y la plata, lo que facilitó enormemente los intercambios y dio lugar al concepto de mercado. Este cambio permitió que los comerciantes comenzaran a especializarse, y poco a poco surgió la idea de ganar dinero a través de las fluctuaciones en los precios.

Uno de los eventos más curiosos en la historia del trading es la burbuja de los tulipanes en Holanda durante el siglo XVII. En lo que se conoce como la primera burbuja financiera documentada, los tulipanes, que eran una novedad en Europa, se convirtieron en un objeto de especulación extrema. Las personas comenzaron a pagar sumas exorbitantes por bulbos de tulipán, y el precio de estas flores aumentó de manera espectacular. Algunos bulbos llegaron a costar lo mismo que una casa, lo que parece increíble hoy en día. Sin embargo, como ocurre con todas las burbujas, los precios de los tulipanes cayeron de manera abrupta, y muchas personas que habían invertido grandes sumas de dinero en estos bulbos perdieron sus fortunas. Este evento nos enseña una lección importante sobre la especulación irracional y cómo la emoción y la codicia pueden inflar los precios de activos más allá de su valor real.

Un evento igualmente interesante ocurrió en el siglo XVIII, con la creación de la Bolsa de Valores de Londres. Antes de que existieran las bolsas de valores formales, los comerciantes se reunían en cafés para intercambiar acciones y bonos. Uno de los cafés más populares para hacer negocios era Jonathan's Coffee House, en Londres, que eventualmente se convirtió en el punto de encuentro para los comerciantes, lo que dio lugar a la formación de la Bolsa de Valores de Londres. Este es un dato curioso, ya que demuestra cómo las bases de uno de los centros financieros más importantes del mundo surgieron de una simple cafetería. Con el tiempo, las bolsas de valores se formalizaron y comenzaron a regularse, lo que permitió a más personas participar en los mercados financieros.

Otro momento curioso en la historia del trading es la famosa historia de Jesse Livermore, un trader estadounidense que vivió a principios del siglo XX y que es recordado como uno de los traders más audaces y exitosos de la historia. Livermore era conocido por su capacidad para predecir movimientos en el mercado, y ganó grandes sumas de dinero especulando durante momentos de crisis, como el Pánico de 1907 y el Crac del 29. En el Crac de 1929, cuando la Bolsa de Nueva York colapsó y marcó el inicio de la Gran Depresión, Livermore se destacó por vender en corto y ganar alrededor de 100 millones de dólares, una suma enorme para la época. Sin embargo, a pesar de su éxito, la vida de Livermore estuvo marcada por altos y bajos, y terminó perdiendo su fortuna varias veces. Su historia nos recuerda que el trading puede ser extremadamente volátil y que las fortunas pueden ganarse y perderse en cuestión de días.

La introducción de las computadoras y la tecnología digital en la segunda mitad del siglo XX cambió el trading para siempre. Antes de que existieran las plataformas electrónicas, los traders solían hacer sus operaciones en las "pits", que eran áreas de las bolsas de valores donde los traders gritaban sus órdenes de compra y venta. Este sistema, conocido como "trading a viva voz", era caótico y dependía de la rapidez con la que los traders podían hacer sus ofertas. Sin embargo, con la llegada de las computadoras, los mercados financieros se volvieron mucho más eficientes y accesibles. El primer mercado en usar una plataforma electrónica fue el NASDAQ en 1971, y esto permitió que los traders pudieran realizar sus operaciones de manera más rápida y precisa, sin tener que estar físicamente presentes en la bolsa de valores. Esto marcó el inicio de lo que hoy conocemos como trading en línea, donde cualquiera con una computadora y una conexión a internet puede acceder a los mercados globales.

A medida que el trading se volvió más accesible, también surgieron nuevas formas de especulación, como el trading de alta frecuencia. Este tipo de trading, que se basa en algoritmos y computadoras ultrarrápidas, realiza miles de transacciones por segundo para aprovechar pequeños movimientos en los precios. Aunque el trading de alta frecuencia ha generado grandes ganancias para algunas empresas, también ha sido objeto de controversia, ya que muchos creen que este tipo de trading crea una ventaja injusta para los grandes jugadores y aumenta la volatilidad en los mercados. Un ejemplo de esto fue el "Flash Crash" de 2010, cuando el mercado estadounidense cayó de manera abrupta en cuestión de minutos, solo para recuperarse poco después. Este evento fue atribuido en gran medida al trading algorítmico y provocó una discusión sobre el papel de la tecnología en los mercados financieros.

En la actualidad, el trading ha seguido evolucionando con el surgimiento de las criptomonedas. Bitcoin, lanzada en 2009, fue la primera criptomoneda en captar la atención global, y desde entonces han surgido miles de otras criptomonedas que se negocian en mercados descentralizados. El trading de criptomonedas es una forma completamente nueva de especulación, ya que estos activos no están controlados por gobiernos o bancos centrales y sus precios pueden ser extremadamente volátiles. A lo largo de la corta historia de las criptomonedas, hemos visto enormes subidas y caídas en los precios, lo que ha creado tanto grandes fortunas como enormes pérdidas. Lo curioso es que, aunque las criptomonedas son un fenómeno relativamente nuevo, las emociones que las rodean, como la euforia y el miedo, son las mismas que hemos visto en los mercados financieros tradicionales a lo largo de la historia.

En resumen, la historia del trading está llena de momentos curiosos y fascinantes que han moldeado la forma en que los mercados funcionan hoy en día. Desde el trueque en las antiguas civilizaciones hasta el trading algorítmico y las criptomonedas, el trading ha evolucionado de maneras sorprendentes, pero los principios fundamentales siguen siendo los mismos: especulación, riesgo, emoción y, sobre todo, la búsqueda de aprovechar las fluctuaciones en los precios para obtener ganancias. Estos eventos históricos no solo nos muestran cómo ha cambiado el trading, sino que también nos enseñan valiosas lecciones sobre los peligros de la especulación irracional y la importancia de tener una estrategia sólida en los mercados.

¿Cómo Afecta a Tus Decisiones de Trading?

Las decisiones que tomas en el trading están influenciadas por muchos factores, y algunos de ellos no siempre son obvios. En el mundo del trading, cada decisión puede marcar una gran diferencia entre ganar o perder dinero, y aunque todos intentamos hacer elecciones racionales y bien fundamentadas, la verdad es que nuestras emociones, experiencias pasadas y creencias juegan un papel crucial en la manera en que actuamos. Cuando hablamos de cómo algo afecta nuestras decisiones en el trading, es importante reconocer que no solo se trata de datos, gráficos o análisis técnico. A veces, factores personales o psicológicos pueden influir más de lo que imaginamos.

Uno de los factores que más afecta a las decisiones de trading es el miedo. El miedo es una emoción poderosa que puede nublar nuestro juicio y hacer que tomemos decisiones impulsivas. En el trading, el miedo suele aparecer cuando enfrentamos la posibilidad de perder dinero. Este miedo a las pérdidas puede ser paralizante, haciendo que evites tomar riesgos o que vendas demasiado rápido, perdiendo oportunidades de mayores ganancias. En lugar de seguir un plan o estrategia que has preparado, el miedo te hace reaccionar de forma defensiva. Tal vez hayas tenido una mala experiencia en el pasado, como una gran pérdida, y eso se queda en tu mente cada vez que entras en una nueva operación. El miedo, en muchos casos, te hace dudar de tus decisiones, incluso cuando tu análisis es correcto, y esto puede llevarte a errores que se podrían haber evitado.

Otro factor que influye mucho en las decisiones de trading es la avaricia. Todos queremos ganar dinero, y es normal querer sacar el máximo provecho de cada oportunidad, pero cuando la avaricia toma el control, puede cegarte ante los riesgos. La avaricia te hace pensar que siempre puedes ganar un poco más, que el mercado seguirá subiendo o bajando a tu favor, y te lleva a arriesgar más de lo necesario. A menudo, los traders que dejan que la avaricia guíe sus decisiones no saben cuándo detenerse. Mantienen sus posiciones abiertas durante demasiado tiempo, esperando ganancias cada vez mayores, hasta que el mercado da un giro y terminan perdiendo lo que ya habían ganado. La avaricia te hace olvidar la importancia de tener un plan y de tomar ganancias en el momento adecuado.

Además de las emociones, nuestras experiencias pasadas también juegan un papel importante en cómo tomamos decisiones en el trading. Si has tenido éxito en una operación reciente, es probable que sientas más confianza en tus próximas decisiones. Esta confianza es buena, pero a veces puede llevarte a tomar riesgos innecesarios. Piensas que porque acertaste en la última operación, también lo harás en la siguiente, sin darte cuenta de que cada operación es única y que las condiciones del mercado cambian. Por otro lado, si tuviste una mala experiencia, puede que te vuelvas más cauteloso o incluso demasiado reacio a asumir riesgos, lo que también puede limitar tus oportunidades de éxito. Lo que nos enseña esto es que nuestras decisiones de trading no siempre se basan solo en el presente, sino que también están condicionadas por nuestras experiencias pasadas, tanto buenas como malas.

La falta de paciencia es otro factor que afecta a muchas decisiones de trading. A veces, los traders se apresuran a entrar o salir del mercado simplemente porque no quieren esperar. Tal vez veas que el mercado se mueve rápido y sientas que si no actúas de inmediato, te perderás una oportunidad. Sin embargo, esta falta de paciencia puede llevarte a tomar decisiones precipitadas. Tal vez entras en una operación antes de que se confirme una señal clara, o tal vez sales antes de tiempo por miedo a que el mercado cambie. La impaciencia puede ser especialmente peligrosa en el trading porque te lleva a operar más de lo necesario, lo que aumenta las posibilidades de cometer errores. El trading exitoso requiere esperar el momento adecuado para actuar, y la falta de paciencia es una de las razones por las que muchos traders pierden dinero.

Otro aspecto que influye en las decisiones de trading es la presión social o la influencia de los demás. Vivimos en una era donde la información está disponible al instante, y en el mundo del trading, es fácil dejarse influenciar por lo que otros están haciendo. Tal vez veas en las redes sociales o en foros de trading que muchas personas están comprando o vendiendo un activo en particular, y sientas la tentación de seguir la corriente. Esta presión social puede llevarte a tomar decisiones que no están alineadas con tu propio análisis o estrategia. En lugar de actuar basándote en tu plan, puedes caer en la trampa de hacer lo que los demás están haciendo por miedo a quedarte fuera. Esto se conoce como el "efecto manada", y es uno de los errores más comunes en el trading. Seguir a la multitud rara vez es una buena idea, ya que los mercados son impredecibles y lo que funciona para otros no siempre funcionará para ti.

También debemos hablar sobre la importancia del autocontrol en el trading. El autocontrol es la capacidad de mantenerse firme en tus decisiones, incluso cuando las emociones intentan influir en ti. Sin embargo, muchas veces este autocontrol se ve afectado por la presión de querer ganar dinero rápidamente. En lugar de seguir tu estrategia y tener la paciencia para esperar las mejores oportunidades, puedes sentir la tentación de operar con demasiada frecuencia, simplemente porque no quieres perderte ninguna oportunidad. Este deseo constante de estar operando puede erosionar tu autocontrol y llevarte a cometer errores. El autocontrol es esencial en el trading porque te ayuda a mantenerte enfocado en tus objetivos a largo plazo y a evitar decisiones impulsivas.

Las expectativas poco realistas también afectan en gran medida las decisiones de trading. Muchas personas entran al mundo del trading con la esperanza de hacerse ricas rápidamente, pero la realidad es que el trading no es una forma rápida de ganar dinero. Es fácil dejarse engañar por las historias de éxito de traders que han ganado millones, pero esas historias suelen ser la excepción y no la regla. Tener expectativas demasiado altas puede hacer que tomes decisiones imprudentes, como asumir riesgos innecesarios o operar con más frecuencia de lo que deberías. Si crees que cada operación te llevará a grandes ganancias, es probable que termines tomando decisiones que no se basan en un análisis sólido. Lo más importante es mantener expectativas realistas y recordar que el trading es un proceso a largo plazo que requiere tiempo y paciencia.

Además de las emociones y expectativas, la cantidad de información a la que estamos expuestos también afecta nuestras decisiones. En el mundo del trading, hay una sobrecarga de información. Todos los días, recibimos noticias, análisis, opiniones de expertos, e incluso rumores que pueden influir en nuestros pensamientos y decisiones. A veces, la cantidad de información puede ser abrumadora y llevar a la "parálisis por análisis", donde sientes que no puedes tomar una decisión porque hay demasiados factores a considerar. Otras veces, puedes tomar decisiones apresuradas basándote en una sola pieza de información que parece importante en ese momento, pero que en realidad no tiene tanto peso. Aprender a filtrar la información y centrarse en lo que realmente importa es crucial para tomar mejores decisiones en el trading.

Por último, es importante reconocer que el entorno en el que te encuentras también afecta tus decisiones de trading. Si estás operando en un lugar donde hay mucho ruido o distracciones, es más probable que tomes decisiones impulsivas. El trading requiere concentración y un entorno tranquilo para poder analizar el mercado con claridad. Si no tienes un espacio adecuado para operar o si estás constantemente interrumpido, será más difícil tomar decisiones informadas. Además, tu estado físico y mental también influye en tus decisiones. Si estás cansado, estresado o emocionalmente agotado, es más probable que cometas errores. Por eso, es fundamental que cuides tu bienestar general, tanto físico como mental, para tomar decisiones más acertadas.

En conclusión, las decisiones de trading están influenciadas por una combinación de emociones, experiencias pasadas, expectativas, y el entorno en el que operas. El miedo, la avaricia, la impaciencia, la presión social, la falta de autocontrol, las expectativas poco realistas y la sobrecarga de información pueden afectar negativamente tus decisiones si no eres consciente de su impacto. Por eso, es esencial que cada trader aprenda a identificar estos factores y a gestionarlos de manera efectiva.

Solo así podrás tomar decisiones de trading más informadas y consistentes, evitando los errores que muchos traders cometen cuando dejan que sus emociones y circunstancias externas influyan en sus elecciones.

Lo Que Debes Saber

Antes de comenzar a operar en los mercados financieros, hay varias cosas importantes que debes saber. El trading puede parecer una forma emocionante de ganar dinero, y en algunos casos lo es, pero también está lleno de riesgos y desafíos. Para tener éxito, no basta con aprender a leer gráficos o seguir las noticias del mercado, sino que necesitas tener una comprensión profunda de cómo funcionan los mercados, qué factores afectan el precio de los activos y, lo más importante, cómo controlar tus emociones y mantener la calma en momentos de alta presión. En este capítulo, vamos a explorar lo que realmente necesitas saber antes de adentrarte en el mundo del trading, con el fin de que puedas tomar decisiones más informadas y evitar errores comunes.

Lo primero que debes saber es que el trading no es una manera rápida y fácil de hacerse rico. Aunque a veces escuches historias de traders que ganaron una fortuna en poco tiempo, esos casos son la excepción, no la regla. La mayoría de los traders exitosos han pasado años aprendiendo, practicando y perfeccionando sus habilidades. El trading es una carrera como cualquier otra: requiere tiempo, dedicación y esfuerzo. No esperes obtener grandes ganancias de la noche a la mañana, y ten cuidado con las expectativas poco realistas. Si bien es posible ganar dinero en el trading, también es posible perderlo, y no hay garantías de éxito. Lo más importante es que no veas el trading como una lotería o un juego de azar, sino como un proceso en el que tomas decisiones basadas en análisis y planificación.

Otro punto crucial es que el mercado es impredecible. Muchos principiantes piensan que si pueden aprender a leer bien los gráficos o si siguen las noticias financieras, podrán anticipar exactamente lo que hará el mercado. Sin embargo, la realidad es que, por más análisis que hagas, siempre habrá factores inesperados que afecten el precio de los activos. A veces, los mercados se moverán en direcciones contrarias a lo que la lógica o el análisis sugiere, y eso puede ser frustrante. Es importante que entiendas que no tienes el control sobre el mercado. Lo único que puedes controlar es cómo reaccionas ante los movimientos del mercado. Esto significa que debes estar preparado para aceptar las pérdidas cuando las cosas no salgan como esperabas, y no tratar de forzar al mercado para que se mueva a tu favor. En lugar de eso, debes tener una mentalidad flexible y estar dispuesto a adaptarte a las condiciones cambiantes.

También es esencial que entiendas el concepto de riesgo. Cada vez que haces una operación, estás asumiendo un riesgo. Incluso la operación que parece más segura puede resultar en una pérdida. Por eso, uno de los principios básicos del trading es aprender a gestionar el riesgo. Esto significa que nunca debes arriesgar más de lo que estás dispuesto a perder en una sola operación. Muchos traders principiantes cometen el error de apostar grandes cantidades de dinero en una sola operación porque están seguros de que obtendrán una ganancia, pero si esa operación resulta en una pérdida, pueden perder una parte significativa de su capital. El manejo del riesgo implica establecer límites claros sobre cuánto estás dispuesto a perder en cada operación y ceñirte a esos límites, independientemente de lo que pase en el mercado. De esta manera, proteges tu capital y te aseguras de que una sola operación no ponga en peligro todo tu portafolio.

Una de las habilidades más importantes que debes desarrollar como trader es la capacidad de controlar tus emociones. En el trading, las emociones juegan un papel mucho más grande de lo que la gente se imagina. El miedo y la avaricia son dos de las emociones que más afectan las decisiones de los traders. Cuando el mercado está en tu contra, es fácil dejarse llevar por el miedo y tomar decisiones impulsivas, como cerrar una operación demasiado pronto para evitar una pérdida mayor. Por otro lado, cuando estás ganando dinero, la avaricia puede llevarte a mantener una operación abierta durante más tiempo del que deberías, esperando ganar aún más, solo para ver cómo el mercado se da la vuelta y pierdes todo lo que habías ganado. Controlar estas emociones es clave para tomar decisiones racionales y no dejar que tus sentimientos nublen tu juicio.

Es importante que tengas un plan de trading antes de entrar al mercado. Muchas personas cometen el error de empezar a operar sin una estrategia clara. Operar sin un plan es como navegar un barco sin brújula; no tienes una dirección clara y estás a merced de los vientos y las olas. Un plan de trading debe incluir tus objetivos, las condiciones bajo las cuales entrarás y saldrás del mercado, cómo gestionarás el riesgo, y cómo manejarás tus emociones. Este plan te servirá como guía para que tomes decisiones consistentes y no dejes que el pánico o la euforia te lleven a tomar decisiones impulsivas. Un buen plan de trading te ayudará a mantener la disciplina y a seguir una estrategia lógica, en lugar de reaccionar ante cada movimiento del mercado.

Algo que también debes saber es que el trading requiere tiempo. Muchas personas piensan que pueden operar en los mercados dedicando solo unos minutos al día, pero la realidad es que el trading demanda mucha atención y análisis. Tienes que estar al tanto de las noticias, seguir los movimientos del mercado, y analizar constantemente las operaciones. Si bien hay formas de automatizar algunas partes del proceso, como el uso de stop losses o el trading algorítmico, todavía necesitarás dedicar tiempo a estudiar el mercado y a mejorar tus habilidades como trader. A largo plazo, cuanto más tiempo inviertas en aprender y practicar, más probabilidades tendrás de tener éxito.

Otro aspecto que muchas personas pasan por alto es la importancia de la educación continua en el trading. Los mercados financieros están en constante cambio, y lo que funciona hoy puede no funcionar mañana. Por eso, es fundamental que siempre estés aprendiendo y actualizando tus conocimientos. Esto incluye estudiar nuevas estrategias, aprender de tus errores y mantenerte al tanto de las tendencias y tecnologías que afectan al mercado. La educación continua es lo que separa a los traders exitosos de aquellos que fracasan. No te conformes con lo que ya sabes; siempre busca mejorar y aprender más.

Finalmente, una de las cosas más importantes que debes saber es que no todos los días serán buenos. Habrá días en los que el mercado no se moverá como esperabas, en los que tus estrategias no funcionarán, y en los que perderás dinero. Esto es parte del trading, y es algo que debes aceptar desde el principio. El éxito en el trading no se mide por una sola operación, sino por la consistencia a lo largo del tiempo. Incluso los traders más experimentados tienen días malos, pero lo que los diferencia es su capacidad para recuperarse de las pérdidas y seguir adelante. Si puedes aprender a aceptar las pérdidas y a no desanimarte por ellas, estarás en el camino correcto hacia el éxito en el trading.

En conclusión, antes de empezar a operar, es esencial que entiendas que el trading no es fácil, ni rápido, ni una garantía de éxito. Debes estar preparado para enfrentar desafíos, gestionar el riesgo, controlar tus emociones y dedicar tiempo a mejorar tus habilidades. El trading requiere paciencia, disciplina y un plan sólido. Si puedes abordar el trading con una mentalidad realista y estar dispuesto a aprender de tus errores, estarás mejor preparado para enfrentar las incertidumbres del mercado y aumentar tus posibilidades de éxito.

Casos de Traders Que Perdieron

El mundo del trading está lleno de historias de éxito, pero también está lleno de casos de traders que, a pesar de su experiencia, conocimientos o confianza, han perdido grandes cantidades de dinero. Estas historias no son solo lecciones para los principiantes, sino que también nos recuerdan lo importante que es el manejo del riesgo, la disciplina y la humildad en los mercados. A lo largo de la historia, hemos visto casos de traders que, debido a errores, malas decisiones o factores inesperados, han enfrentado pérdidas devastadoras. En este capítulo, vamos a explorar algunos de esos casos, no con el objetivo de desanimarte, sino para que puedas aprender de sus errores y entender mejor los riesgos que conlleva el trading.

Uno de los casos más famosos es el de Nick Leeson, un trader que trabajaba para el banco Barings en la década de 1990. Leeson comenzó como un trader exitoso en la bolsa de Singapur, pero con el tiempo empezó a asumir riesgos excesivos y a hacer apuestas cada vez más grandes en el mercado de futuros. Cuando el mercado comenzó a moverse en su contra, en lugar de cortar sus pérdidas, Leeson intentó recuperar el dinero perdido aumentando sus apuestas, lo que solo empeoró la situación. Al final, sus operaciones causaron pérdidas por más de mil millones de dólares, lo que llevó a la quiebra a Barings, uno de los bancos más antiguos de Inglaterra. Este caso es un recordatorio de que, sin importar cuán experimentado seas, si no gestionas adecuadamente el riesgo, las pérdidas pueden crecer rápidamente y salirse de control.

Otro caso significativo es el de Jerome Kerviel, un trader del banco francés Société Générale. Kerviel era conocido por asumir grandes riesgos en sus operaciones, y durante un tiempo, sus estrategias le dieron enormes beneficios. Sin embargo, como suele ocurrir en el trading, las cosas no salieron como él esperaba. Kerviel empezó a tomar decisiones cada vez más arriesgadas, ocultando sus pérdidas a la dirección del banco. A medida que sus apuestas fallaban, las pérdidas se acumulaban hasta que, en 2008, el banco descubrió que había perdido más de 6.000 millones de euros. Este caso muestra cómo, cuando un trader se deja llevar por la avaricia y pierde de vista la realidad, puede terminar en situaciones desastrosas, no solo para él, sino también para la institución para la que trabaja.

También está el caso de Bill Hwang, un gestor de fondos de inversión que, en 2021, se vio involucrado en uno de los mayores colapsos financieros de la historia reciente. Hwang dirigía un fondo llamado Archegos Capital, y durante años había tenido éxito utilizando estrategias de trading apalancadas, es decir, operando con dinero prestado para aumentar sus beneficios. Sin embargo, cuando algunos de sus mayores apuestas en acciones tecnológicas comenzaron a fallar, sus posiciones se desplomaron rápidamente, y debido al alto nivel de apalancamiento que había utilizado, las pérdidas fueron masivas. En cuestión de días, Archegos perdió más de 20.000 millones de dólares, y el colapso del fondo afectó a varios bancos importantes que habían financiado sus operaciones. Este caso ilustra los peligros del apalancamiento y cómo, cuando los mercados se mueven en tu contra, las pérdidas pueden ser mucho mayores de lo que habías previsto.

Un ejemplo que también merece atención es el de Long-Term Capital Management (LTCM), un fondo de inversión creado por algunos de los economistas más respetados del mundo, incluidos dos ganadores del Premio Nobel. LTCM utilizaba estrategias de arbitraje y modelos matemáticos avanzados para realizar operaciones altamente apalancadas. Durante los primeros años, el fondo tuvo un éxito impresionante, generando rendimientos enormes para sus inversores. Sin embargo, en 1998, cuando ocurrió la crisis financiera en Rusia, los mercados globales comenzaron a comportarse de manera impredecible, y los modelos matemáticos de LTCM no pudieron anticipar estos movimientos. El fondo sufrió pérdidas masivas en poco tiempo, y debido al apalancamiento extremo que utilizaban, las pérdidas pusieron en peligro la estabilidad de varios grandes bancos. Al final, el gobierno de Estados Unidos tuvo que intervenir para evitar un colapso financiero mayor. Este caso demuestra que, incluso los traders y economistas más inteligentes, pueden equivocarse, y que los modelos matemáticos no siempre pueden predecir el comportamiento del mercado.

Otro caso muy conocido es el de Victor Niederhoffer, un famoso gestor de fondos que durante años fue considerado uno de los mejores traders del mundo. Niederhoffer había construido una sólida reputación como trader de éxito en los mercados de futuros y opciones, y había generado grandes ganancias para sus clientes. Sin embargo, en 1997, durante la crisis financiera asiática, Niederhoffer subestimó el impacto de la volatilidad en los mercados y mantuvo posiciones demasiado arriesgadas. Cuando el mercado se movió bruscamente en su contra, las pérdidas fueron tan grandes que su fondo quebró, y él perdió gran parte de su fortuna personal. A pesar de haber sido considerado un genio del trading, Niederhoffer cayó en la trampa de no gestionar adecuadamente el riesgo, y su historia es una lección importante sobre cómo la arrogancia y la confianza excesiva pueden llevar al fracaso.

Incluso traders independientes, aquellos que operan por su cuenta sin trabajar para grandes bancos o fondos de inversión, también han enfrentado pérdidas devastadoras. Un ejemplo es el de muchos traders que participaron en la burbuja tecnológica de finales de los años 90. Durante ese tiempo, las acciones de empresas tecnológicas subían sin parar, y muchos traders comenzaron a operar en base a la euforia del mercado, pensando que los precios seguirían subiendo indefinidamente. Sin embargo, cuando la burbuja estalló en el año 2000, las acciones tecnológicas cayeron drásticamente, y muchos de esos traders, que no habían protegido sus inversiones, perdieron grandes cantidades de dinero. Este caso es un recordatorio de que los mercados pueden ser extremadamente volátiles, y que es importante no dejarse llevar por la emoción del momento.

También hay casos más cercanos, como el de los traders que fueron afectados por la crisis del mercado de criptomonedas. En 2021 y 2022, muchos traders se vieron atraídos por la promesa de grandes ganancias en el mercado de las criptomonedas. Durante ese tiempo, los precios de las criptomonedas, como Bitcoin y Ethereum, alcanzaron máximos históricos, y muchos traders, tanto experimentados como novatos, invirtieron grandes sumas de dinero. Sin embargo, en 2022, los precios de las criptomonedas se desplomaron repentinamente, y aquellos que no habían diversificado sus inversiones o gestionado bien su riesgo sufrieron pérdidas considerables. Este caso es una lección sobre la importancia de ser cauteloso en mercados extremadamente volátiles, como el de las criptomonedas, y de no invertir más de lo que puedes permitirte perder.

Estos ejemplos de traders que perdieron grandes cantidades de dinero tienen algo en común: en muchos casos, las pérdidas fueron el resultado de no gestionar adecuadamente el riesgo, dejar que las emociones guiaran las decisiones, o subestimar la volatilidad del mercado. Incluso los traders más experimentados pueden cometer estos errores, y es por eso que es fundamental que, como trader, siempre te mantengas disciplinado, sigas tu plan de trading y nunca te dejes llevar por la euforia o el pánico. El trading es una actividad de alto riesgo, y aunque las ganancias pueden ser tentadoras, siempre debes recordar que cada operación conlleva la posibilidad de pérdida. Aprender de los errores de otros traders es una de las mejores formas de evitar cometer los mismos errores tú mismo.

En conclusión, los casos de traders que han perdido grandes sumas de dinero nos muestran que el éxito en el trading no está garantizado, y que incluso los más inteligentes o experimentados pueden enfrentarse a grandes fracasos si no manejan el riesgo correctamente o si permiten que las emociones nublen su juicio. Es importante estudiar estos casos, aprender de ellos y, sobre todo, recordar que el trading requiere disciplina, paciencia y un enfoque racional. Si puedes evitar los errores que otros han cometido, estarás mejor preparado para enfrentar los desafíos del mercado y aumentar tus posibilidades de éxito.

Estrés y Salud Mental

El trading, a simple vista, puede parecer una actividad emocionante y llena de oportunidades para generar ganancias. Sin embargo, lo que muchos no consideran al principio es el impacto que puede tener en la salud mental de quienes lo practican. El estrés es una constante en el trading, debido a la naturaleza impredecible y rápida de los mercados. Este estrés, si no se maneja correctamente, puede afectar tanto el bienestar emocional como físico de una persona, y en algunos casos, llevar a situaciones de agotamiento extremo. En este capítulo, vamos a hablar de cómo el estrés relacionado con el trading puede influir en tu salud mental, qué factores lo causan, y lo más importante, cómo manejarlo de manera efectiva.

Una de las principales razones por las que el trading es tan estresante es porque involucra dinero. Cada operación que realizas está directamente relacionada con tu capital, y saber que puedes ganar o perder dinero en cuestión de minutos puede generar una gran presión. Esta sensación de incertidumbre constante puede provocar ansiedad, especialmente si no tienes experiencia o si te encuentras en una racha negativa de pérdidas. Cuando los mercados se mueven en tu contra, es fácil caer en un ciclo de pensamientos negativos, preocupándote por cada movimiento y temiendo que cada decisión que tomes sea la incorrecta. Este tipo de presión psicológica puede llevar a una sobrecarga mental si no sabes cómo lidiar con ella.

Otro factor que contribuye al estrés en el trading es el hecho de que muchas veces los resultados no están en tus manos. Aunque hagas un análisis perfecto, el mercado puede reaccionar de manera impredecible por factores externos que no puedes controlar. Las noticias económicas, los eventos políticos, o incluso los rumores pueden hacer que el mercado se mueva en direcciones inesperadas. Esto puede hacer que te sientas impotente, ya que no importa cuánto esfuerzo pongas en tu análisis, siempre habrá un elemento de incertidumbre que no puedes eliminar. Esa falta de control es una fuente de estrés constante, y si no sabes manejarla, puede afectar tu bienestar emocional a largo plazo.

El estrés del trading también puede afectar tu salud física. Muchas personas que se dedican al trading pasan largas horas frente a la pantalla, analizando gráficos, siguiendo noticias y tomando decisiones rápidas. Esta falta de descanso puede llevar a problemas de sueño, agotamiento y fatiga. Además, el estrés prolongado puede desencadenar problemas físicos como dolores de cabeza, tensión muscular e incluso problemas digestivos. A largo plazo, el estrés crónico puede tener un impacto negativo en tu sistema inmunológico, haciéndote más vulnerable a enfermedades. Por eso, es esencial que como trader aprendas a cuidar tanto tu mente como tu cuerpo, ya que ambos están estrechamente relacionados.

Una de las mayores amenazas para la salud mental de los traders es la constante presión para tener éxito. En el mundo del trading, se celebra el éxito y se castiga el fracaso. Esto puede llevar a muchos traders a establecer expectativas poco realistas para ellos mismos, esperando obtener grandes ganancias rápidamente. Cuando las cosas no salen como esperaban, es fácil caer en la frustración y la autocrítica. Esta presión constante para ganar y evitar perder puede hacer que te sientas desmotivado y ansioso, lo que afecta directamente tu capacidad para tomar decisiones lógicas. Si no sabes cómo manejar la presión, es posible que comiences a operar por impulsos, lo que a menudo resulta en pérdidas aún mayores.

El aislamiento es otro factor que afecta la salud mental de los traders. A diferencia de otros trabajos, el trading es una actividad que muchas personas realizan de manera independiente, desde casa o en oficinas privadas. Este aislamiento puede llevar a sentimientos de soledad, especialmente si no tienes una red de apoyo con la que puedas compartir tus experiencias. Sin alguien con quien hablar o desahogarte, el estrés puede acumularse y hacer que te sientas abrumado. Compartir tus desafíos y frustraciones con otros traders o amigos puede ser una forma efectiva de aliviar el estrés y mantener una perspectiva equilibrada.

La falta de estructura en la vida diaria de un trader también puede ser una fuente de estrés. A diferencia de trabajos más tradicionales, donde hay horarios definidos y rutinas establecidas, el trading es una actividad que requiere flexibilidad y adaptabilidad. Esto significa que los traders a menudo trabajan en horarios irregulares, dependiendo de los mercados en los que operan. La falta de un horario fijo puede hacer que algunos traders descuiden su autocuidado, como el ejercicio, la alimentación saludable o el descanso adecuado. Es fundamental que establezcas una rutina diaria que te permita equilibrar el tiempo que dedicas al trading con otras actividades que te ayuden a mantener tu bienestar físico y mental.

La naturaleza competitiva del trading también puede afectar tu salud mental. Constantemente te estás comparando con otros traders, viendo sus éxitos y preguntándote por qué no obtienes los mismos resultados. Esta comparación constante puede generar sentimientos de inferioridad o frustración, especialmente cuando ves a otros alcanzar sus metas mientras tú estás lidiando con pérdidas. Es importante recordar que el trading es una experiencia individual, y cada trader tiene su propio ritmo de aprendizaje y crecimiento. Compararte con otros no solo te distrae de tus propios objetivos, sino que también puede aumentar el estrés y la presión que sientes para tener éxito.

Para manejar el estrés en el trading, lo primero que debes hacer es aceptar que las pérdidas son parte del proceso. No importa cuán bueno seas o cuánto tiempo lleves en el mercado, habrá momentos en los que perderás dinero. Lo importante es no dejar que esas pérdidas afecten tu confianza o te lleven a tomar decisiones impulsivas. La clave está en aprender de tus errores y ver cada pérdida como una oportunidad para mejorar. Además, establecer expectativas realistas sobre tus ganancias y pérdidas te ayudará a reducir la presión que sientes para tener éxito en cada operación.

El autocuidado también juega un papel crucial en la gestión del estrés. Asegúrate de tomar descansos regulares durante el día y de no pasar horas interminables frente a la pantalla. El ejercicio regular, una alimentación equilibrada y dormir lo suficiente son fundamentales para mantener tu cuerpo y mente en buen estado. También es importante encontrar actividades fuera del trading que te ayuden a desconectar y relajarte. Ya sea practicar un deporte, leer un libro o pasar tiempo con amigos y familiares, tener una vida balanceada fuera del mercado es esencial para mantener una buena salud mental.

Otra estrategia efectiva para manejar el estrés es la meditación y la atención plena. La meditación te ayuda a calmar la mente y a reducir los niveles de ansiedad, permitiéndote tomar decisiones más racionales y menos impulsivas. Practicar la atención plena también te enseña a estar presente en el momento, en lugar de preocuparte por el futuro o por lo que podría salir mal. Esta técnica es especialmente útil en el trading, donde la presión para anticipar los movimientos del mercado puede ser abrumadora.

Finalmente, es importante que busques apoyo cuando lo necesites. Hablar con otros traders o con un profesional de la salud mental puede ayudarte a poner en perspectiva tus desafíos y a encontrar formas efectivas de lidiar con el estrés. No tienes que enfrentar los desafíos del trading solo, y reconocer cuándo necesitas ayuda es una señal de fortaleza, no de debilidad.

En resumen, el estrés y la salud mental son aspectos clave del trading que no deben ser ignorados. El trading puede ser una actividad intensa y exigente, pero con las herramientas adecuadas, puedes aprender a manejar el estrés de manera efectiva y proteger tu bienestar mental y físico. Recuerda que el éxito en el trading no se trata solo de ganar dinero, sino también de mantener un equilibrio saludable en tu vida. Si cuidas de tu salud mental, estarás mejor preparado para enfrentar los desafíos del mercado y tomar decisiones más claras y efectivas.

66

¿Qué Hace a un Trader Exitoso?

¿Qué hace a un trader exitoso? Esa es la pregunta que muchas personas se hacen cuando comienzan a adentrarse en el mundo del trading. Es fácil pensar que el éxito en este campo depende únicamente de ganar dinero o de realizar operaciones perfectas todo el tiempo. Pero la realidad es mucho más compleja que eso. El éxito en el trading no se define solo por las ganancias, sino por una combinación de habilidades, mentalidad, disciplina y la capacidad de aprender constantemente. Para tener éxito, no basta con saber cuándo comprar y cuándo vender. Hay varios factores importantes que determinan si alguien puede convertirse en un trader exitoso a largo plazo.

Lo primero que distingue a un trader exitoso es su mentalidad. La forma en que un trader piensa y aborda el mercado es clave para su éxito. Un trader exitoso no se deja llevar por las emociones ni permite que el miedo o la codicia controlen sus decisiones. Mantener la calma y la objetividad es esencial, especialmente cuando los mercados se vuelven volátiles. Si un trader actúa impulsivamente por miedo a perder o por el deseo de obtener ganancias rápidas, es probable que cometa errores que le cuesten caro. El éxito en el trading depende en gran medida de tener la capacidad de tomar decisiones racionales, basadas en datos y análisis, no en emociones pasajeras.

Otro rasgo fundamental de un trader exitoso es la disciplina. El trading puede ser tentador porque parece ofrecer la posibilidad de ganar dinero rápidamente, pero en realidad es un juego a largo plazo. Los traders que tienen éxito son aquellos que siguen sus estrategias de manera constante y disciplinada. Esto significa que no se desvían de su plan cuando las cosas no van como esperaban. Por ejemplo, si un trader ha decidido que solo va a invertir en ciertos activos o que va a utilizar una estrategia específica, no debe cambiar de rumbo solo porque el mercado esté subiendo o bajando repentinamente. La disciplina también implica ser paciente, esperar el momento adecuado para entrar y salir del mercado, en lugar de tratar de apresurar las cosas por miedo a perder una oportunidad.

La habilidad para aprender y adaptarse es otro componente clave del éxito en el trading. Los mercados están en constante cambio, y lo que funcionó ayer puede no funcionar mañana. Un trader exitoso sabe que siempre debe estar aprendiendo y mejorando. Esto significa estar dispuesto a reconocer los propios errores y a aprender de ellos. Los traders que logran el éxito no ven las pérdidas como fracasos, sino como lecciones que pueden ayudarlos a mejorar. Están en constante búsqueda de nueva información, ya sea a través de libros, cursos, o simplemente analizando sus propias operaciones. Además, saben adaptarse a las condiciones cambiantes del mercado. Esto no significa que cambien su estrategia cada vez que el mercado se mueve, sino que ajustan su enfoque en función de las nuevas circunstancias.

La gestión del riesgo es otra de las cualidades esenciales de un trader exitoso. Muchos traders principiantes cometen el error de concentrarse solo en cuánto pueden ganar, sin considerar cuánto podrían perder. Un trader exitoso, en cambio, siempre tiene en cuenta el riesgo de cada operación antes de tomar una decisión. Establece límites claros sobre cuánto está dispuesto a perder en una operación y sigue esas reglas al pie de la letra. No importa cuán prometedora parezca una oportunidad, un trader disciplinado nunca arriesga más de lo que puede permitirse perder. Esta gestión del riesgo es lo que permite que un trader permanezca en el juego a largo plazo, incluso cuando enfrenta pérdidas.

La perseverancia es otro rasgo importante. El trading es un camino lleno de altibajos. Habrá días en los que ganarás y días en los que perderás, y es fácil sentirse desmotivado cuando las cosas no salen bien. Sin embargo, un trader exitoso es alguien que no se rinde fácilmente. Entiende que el éxito no llega de la noche a la mañana y que cada revés es una oportunidad para mejorar. La perseverancia no significa operar más cuando las cosas van mal, sino tener la capacidad de seguir aprendiendo, ajustando estrategias y avanzando a pesar de las dificultades. Esta es una de las razones por las que muchos traders que comienzan no llegan a tener éxito: no tienen la paciencia ni la fortaleza para superar los momentos difíciles.

El control emocional también juega un papel crucial en el éxito de un trader. El mercado puede ser impredecible y, a veces, los movimientos bruscos pueden generar miedo o euforia. Los traders exitosos saben cómo mantener sus emociones bajo control. No dejan que una serie de operaciones ganadoras los haga sentir invencibles, ni que una racha de pérdidas los hunda en la desesperación. Mantener un equilibrio emocional es fundamental para tomar decisiones objetivas y evitar comportamientos impulsivos que pueden llevar a pérdidas. Los traders exitosos saben que las emociones fuertes, ya sean positivas o negativas, pueden nublar el juicio y hacer que pierdan de vista su estrategia y sus metas a largo plazo.

La planificación también es clave. Un trader exitoso no entra al mercado sin un plan claro. Sabe exactamente qué está buscando en una operación, cuánto está dispuesto a arriesgar y cuándo planea salir. Tener un plan y seguirlo es esencial para evitar tomar decisiones apresuradas o impulsivas. Además, un buen plan de trading no solo incluye estrategias para cuándo comprar y vender, sino también reglas claras para la gestión del capital y la gestión del riesgo. Los traders exitosos también revisan y ajustan sus planes regularmente para asegurarse de que estén alineados con las condiciones actuales del mercado y sus propios objetivos.

Por último, un trader exitoso entiende que el éxito no se mide solo por las ganancias. Si bien ganar dinero es el objetivo final del trading, un trader verdaderamente exitoso mide su éxito en términos de consistencia y progreso. Esto significa ser capaz de generar ganancias de manera constante, pero también mejorar continuamente en su habilidad para gestionar el riesgo, controlar sus emociones y seguir su plan de manera disciplinada. El éxito a largo plazo en el trading no es una cuestión de hacer una gran ganancia de vez en cuando, sino de ser capaz de mantenerse en el mercado durante años, superando los altibajos y siempre mejorando.

En resumen, lo que hace a un trader exitoso no es solo la capacidad de ganar dinero, sino una combinación de mentalidad, disciplina, habilidades técnicas y la capacidad de aprender y adaptarse. Los traders que logran el éxito son aquellos que están dispuestos a hacer el esfuerzo de mejorar constantemente, que tienen una visión a largo plazo y que saben cómo manejar el riesgo de manera efectiva. Si bien el camino del trading está lleno de desafíos, aquellos que logran dominar estas cualidades pueden encontrar no solo éxito financiero, sino también una gran satisfacción personal en su habilidad para navegar en los mercados de manera inteligente y equilibrada.

El Poder de la Disciplina y la Paciencia en el Trading

La disciplina y la paciencia son dos de los pilares más importantes en el mundo del trading. Cualquiera que desee tener éxito en esta actividad debe entender que el trading no se trata solo de tomar decisiones rápidas y arriesgadas, sino de saber cuándo actuar y cuándo esperar. Estos conceptos, aunque simples, son difíciles de dominar porque implican controlar las emociones y los impulsos, dos cosas que suelen influir fuertemente en las decisiones de quienes comienzan en el trading. A lo largo de este capítulo, vamos a explorar cómo la disciplina y la paciencia pueden marcar la diferencia entre el éxito y el fracaso en el trading.

Comencemos hablando de la disciplina. En el trading, la disciplina es lo que te permite seguir tu plan de manera consistente, sin importar lo que esté sucediendo en el mercado. Un trader disciplinado sabe que no puede tomar decisiones basadas en impulsos o emociones, sino que debe actuar de acuerdo a su análisis y estrategia. Esto significa que, antes de entrar al mercado, el trader ya ha establecido reglas claras sobre cuándo comprar, cuándo vender, cuánto arriesgar y cuál será su objetivo de ganancias. No se trata de operar por instinto, sino de seguir un plan que ha sido desarrollado con tiempo y cuidado. La disciplina es lo que te impide hacer cosas que sabes que no deberías hacer, como entrar en una operación solo porque parece que el mercado se está moviendo rápido, o quedarte en una operación que claramente va en tu contra con la esperanza de que se revierta.

Un error común entre los traders principiantes es la falta de disciplina. Cuando ven que el mercado está moviéndose rápidamente, sienten la necesidad de actuar de inmediato, incluso si no han hecho un análisis adecuado. Esto es lo que se llama "trading impulsivo", y es una de las principales razones por las que muchos traders terminan perdiendo dinero. El mercado siempre va a moverse, pero eso no significa que debas participar en cada movimiento. Un trader disciplinado sabe esperar el momento adecuado para entrar, y si no encuentra una buena oportunidad, es capaz de quedarse fuera. No hay peor error en el trading que actuar sin una razón clara.

La paciencia va de la mano con la disciplina. En el trading, no siempre vas a obtener resultados inmediatos, y es aquí donde entra el verdadero poder de la paciencia. Los traders impacientes suelen cometer el error de entrar y salir del mercado rápidamente, buscando obtener ganancias de manera inmediata. Sin embargo, el mercado no siempre se mueve en la dirección que esperas de inmediato, y es posible que tengas que esperar un tiempo antes de ver los resultados de tu operación. La paciencia te permite mantener la calma y no cerrar una operación prematuramente solo porque no ves ganancias rápidas.

La paciencia también es crucial cuando las cosas no van como esperabas. No todas las operaciones van a ser ganadoras, y en ocasiones, el mercado va a moverse en tu contra. Un trader impaciente puede sentirse frustrado y abandonar su estrategia cuando enfrenta una racha de pérdidas, pero un trader paciente sabe que las pérdidas son parte del proceso. No hay un trader en el mundo que no haya tenido pérdidas, y es precisamente la paciencia lo que les ha permitido seguir adelante y eventualmente recuperar lo perdido. La paciencia te ayuda a mantener una visión a largo plazo, entendiendo que el trading no es un juego de corto plazo, sino una actividad en la que los resultados reales se ven con el tiempo.

Otra razón por la cual la paciencia es tan importante en el trading es que el mercado a menudo te pone a prueba. Puede que tengas una excelente estrategia, pero si no eres paciente, es posible que te salgas demasiado pronto y pierdas la oportunidad de maximizar tus ganancias. Por ejemplo, imagina que entras en una operación y ves que el mercado empieza a moverse lentamente a tu favor. Un trader impaciente podría cerrar la operación de inmediato para asegurar una pequeña ganancia, pero un trader paciente esperará el momento adecuado para maximizar sus ganancias, siguiendo su plan y objetivos establecidos. Claro, esto no significa que debas quedarte en una operación indefinidamente, pero tener paciencia te permitirá aprovechar las oportunidades más grandes cuando se presenten.

Además, la paciencia es necesaria para aprender y mejorar en el trading. El trading es una actividad compleja que requiere tiempo para dominarla. No se trata solo de conocer las estrategias y los análisis técnicos, sino también de entender cómo funciona el mercado y cómo responder ante diferentes situaciones. Muchos traders principiantes se sienten desmotivados cuando no obtienen resultados inmediatos, y eso puede llevarlos a renunciar demasiado pronto. La realidad es que aprender a ser un buen trader lleva tiempo, y es necesario ser paciente tanto con el proceso de aprendizaje como con uno mismo. Con el tiempo, irás acumulando experiencia y mejorando tus habilidades, pero esto solo es posible si tienes la paciencia de seguir adelante a pesar de los desafíos iniciales.

La disciplina y la paciencia también son fundamentales cuando se trata de gestionar el riesgo. Un trader disciplinado y paciente no arriesga más de lo que puede permitirse perder, y sabe que no todas las oportunidades valen la pena. A veces, es mejor no operar que arriesgar demasiado en una operación que no cumple con tus criterios. Esta es una de las lecciones más difíciles de aprender, pero es vital para proteger tu capital a largo plazo. Un trader exitoso no solo se enfoca en ganar, sino también en proteger lo que ya tiene. La paciencia te ayuda a esperar la oportunidad correcta, y la disciplina te asegura que seguirás tu plan sin desviarte.

Un aspecto interesante del trading es que, aunque el mercado es rápido y volátil, los traders más exitosos son aquellos que saben esperar. No se dejan llevar por la velocidad del mercado, sino que lo observan con calma y actúan solo cuando ven una oportunidad clara. Esto requiere un nivel de autocontrol que solo se puede lograr a través de la disciplina y la paciencia. Los traders que carecen de estas cualidades a menudo se sienten abrumados por la presión de tener que actuar constantemente, lo que puede llevarlos a tomar decisiones apresuradas y, en muchos casos, equivocadas.

En resumen, el poder de la disciplina y la paciencia en el trading no debe subestimarse. Son dos cualidades que, aunque a menudo pasadas por alto, son fundamentales para tener éxito a largo plazo. La disciplina te ayuda a mantenerte fiel a tu estrategia, mientras que la paciencia te permite esperar las mejores oportunidades y no tomar decisiones apresuradas. Juntas, estas dos cualidades te ayudarán a mantener el control sobre tus emociones, gestionar el riesgo de manera efectiva y, en última instancia, alcanzar tus metas como trader. El camino hacia el éxito en el trading no es rápido ni fácil, pero con disciplina y paciencia, estarás mejor preparado para enfrentar los desafíos y aprovechar las oportunidades que el mercado tiene para ofrecer.

La Influencia del Entorno en Tus Decisiones Financieras

El entorno tiene una influencia mucho más grande en nuestras decisiones financieras de lo que podríamos imaginar. A veces pensamos que nuestras decisiones con el dinero son completamente racionales y que están basadas únicamente en datos y lógica. Sin embargo, la realidad es que estamos constantemente rodeados por factores externos que pueden afectar cómo manejamos nuestras finanzas. Esto es especialmente cierto en el mundo del trading, donde las decisiones deben tomarse de forma rápida y precisa, y donde el entorno en el que te encuentras puede hacer que tomes decisiones muy diferentes a las que tomarías en un contexto más tranquilo o controlado.

Uno de los factores más influyentes en nuestras decisiones financieras es el ambiente social. Las personas que nos rodean, ya sea nuestra familia, amigos, compañeros de trabajo o incluso las personas que seguimos en redes sociales, pueden afectar la forma en que vemos nuestras finanzas y cómo actuamos en consecuencia. Por ejemplo, si estás rodeado de personas que constantemente hablan de cómo ganaron dinero rápidamente en el trading o en inversiones, es probable que sientas una presión para hacer lo mismo. Esta presión puede hacer que tomes decisiones apresuradas o riesgos que normalmente no tomarías. Quizás veas a alguien en las redes sociales que presume de sus grandes ganancias, y eso te lleva a querer imitar su comportamiento, incluso sin tener el mismo conocimiento o experiencia.

El entorno familiar también juega un papel clave. Si creciste en un hogar donde el dinero siempre fue una fuente de preocupación o conflicto, es probable que esas experiencias influyan en cómo manejas tus finanzas como adulto. Puede que sientas una necesidad constante de ahorrar por miedo a quedarte sin dinero, o puede que te sientas más inclinado a gastar impulsivamente para evitar el estrés que asocias con ahorrar. En el trading, estas influencias pueden manifestarse en decisiones de inversión que no están alineadas con tus objetivos a largo plazo, simplemente porque tu entorno te ha moldeado para actuar de cierta manera con respecto al dinero.

El entorno económico y las noticias también tienen un gran impacto en nuestras decisiones financieras. Todos los días estamos bombardeados con información sobre la economía global, los mercados financieros, y las predicciones de expertos. Si las noticias son positivas, como por ejemplo, que los mercados están subiendo o que la economía está creciendo, puedes sentirte tentado a ser más agresivo en tus decisiones de trading, invirtiendo más dinero o tomando mayores riesgos. Por el contrario, si las noticias son negativas, como una recesión inminente o una caída importante en los mercados, es posible que te sientas ansioso y decidas vender tus posiciones rápidamente, incluso si eso va en contra de tu plan a largo plazo. En estos casos, el entorno te empuja a tomar decisiones basadas en el miedo o la euforia del momento, en lugar de seguir una estrategia bien pensada.

Además, el ambiente físico en el que te encuentras también puede influir en tus decisiones. El lugar donde trabajas o haces trading puede afectar tu nivel de concentración y tu capacidad para tomar decisiones inteligentes. Si operas desde un lugar ruidoso, lleno de distracciones o desorden, es posible que no puedas pensar con claridad y termines tomando decisiones apresuradas. Por el contrario, si estás en un entorno tranquilo y organizado, es más probable que puedas analizar la situación con calma y tomar decisiones más acertadas. Incluso factores como la iluminación o la temperatura de tu espacio de trabajo pueden afectar tu estado de ánimo y, por lo tanto, tus decisiones financieras. Un ambiente incómodo puede hacerte sentir irritado o ansioso, lo que puede llevarte a cometer errores que podrías haber evitado en un entorno más relajado.

Otro factor a considerar es la influencia de la cultura. Dependiendo del país o región en la que vivas, la cultura puede jugar un papel importante en cómo ves el dinero y las inversiones. En algunas culturas, el riesgo es visto como algo positivo, algo que se debe buscar para alcanzar grandes recompensas. En otras, el riesgo se percibe como algo a evitar a toda costa. Estas creencias culturales pueden influir en tus decisiones de trading, haciéndote más o menos inclinado a tomar riesgos. Si vives en un entorno donde se valora la seguridad financiera por encima de todo, es posible que seas más conservador en tus inversiones, incluso si las circunstancias sugieren que podrías ser un poco más agresivo. Por el contrario, si estás en un ambiente donde se celebra la toma de riesgos, podrías sentirte presionado a invertir en activos más volátiles, incluso si eso no es lo más adecuado para tu situación.

Además, el entorno emocional en el que te encuentras también tiene un gran impacto en tus decisiones financieras. Si estás atravesando un momento de estrés, ansiedad o incluso euforia en tu vida personal, es muy probable que eso se refleje en tus decisiones de trading. El trading requiere una mente clara y tranquila, pero si estás lidiando con problemas personales, puede ser difícil mantener la concentración y el control emocional necesarios para tomar buenas decisiones. En esos momentos, es fácil caer en la trampa de tomar decisiones impulsivas, ya sea por miedo a perder dinero o por la necesidad de obtener ganancias rápidamente. Es por eso que muchos traders exitosos recomiendan no operar cuando no te sientes emocionalmente equilibrado, ya que el entorno emocional puede nublar tu juicio y llevarte a cometer errores costosos.

También es importante reconocer la influencia del entorno digital. Hoy en día, estamos rodeados por información en tiempo real, a través de redes sociales, foros y plataformas de noticias financieras. Esta constante sobrecarga de información puede ser abrumadora y hacer que te sientas presionado a actuar rápidamente. Cada día surgen nuevas opiniones de expertos, análisis y predicciones, y es fácil sentirse confundido o tentado a cambiar tu estrategia basada en lo que escuchas o lees en línea. Sin embargo, la clave para tomar buenas decisiones financieras es saber filtrar esa información y no dejar que te afecte de manera negativa. Un trader disciplinado sabe que no puede reaccionar a cada nueva pieza de información, sino que debe seguir su plan y confiar en su propio análisis.

Finalmente, el entorno económico global también juega un papel fundamental. Los cambios en las políticas gubernamentales, los conflictos internacionales, o las crisis económicas pueden influir directamente en los mercados financieros y, por lo tanto, en tus decisiones de trading. A veces, las fluctuaciones en los mercados son el resultado de factores que están completamente fuera de tu control, y es importante que puedas reconocer cuándo es mejor no actuar. En lugar de intentar predecir el futuro basándote en estos eventos externos, un trader exitoso se enfoca en lo que puede controlar, como su estrategia y gestión de riesgos.

En resumen, el entorno tiene una influencia significativa en nuestras decisiones financieras, especialmente en el trading. Ya sea el ambiente social, familiar, económico, físico o emocional, todos estos factores pueden afectar la forma en que tomamos decisiones. La clave está en ser consciente de estas influencias y aprender a gestionarlas para no dejar que nublen tu juicio. Al final del día, el éxito en el trading no se trata solo de tener la mejor estrategia o el mejor análisis, sino de ser capaz de tomar decisiones objetivas, incluso cuando el entorno parece estar empujándote en otra dirección. Aprender a reconocer y controlar estas influencias externas es esencial para convertirse en un trader exitoso y tomar decisiones financieras más equilibradas y acertadas.

Desarrollando Resiliencia Mental

Desarrollar resiliencia mental es una de las habilidades más importantes que cualquier persona puede tener en la vida, y es especialmente crucial en el mundo del trading. El trading es una actividad que no solo requiere conocimientos y habilidades técnicas, sino también una fortaleza mental que te permita mantener la calma, el enfoque y la confianza, incluso cuando las cosas no salen como esperabas. La resiliencia mental es lo que te permite recuperarte de los fracasos, aprender de ellos y seguir adelante sin dejar que las derrotas te desmoralicen. En este capítulo, vamos a explorar cómo puedes desarrollar resiliencia mental y por qué es tan importante para tu éxito en el trading y en la vida en general.

Primero, es importante entender que el trading es una actividad que implica altos niveles de estrés y emociones. No es fácil ver cómo el mercado va en contra de tus posiciones o cómo una decisión que creías correcta termina en una pérdida. Muchas veces, estas situaciones pueden hacer que te sientas frustrado, ansioso o incluso dudoso de tus habilidades. La resiliencia mental es lo que te ayudará a manejar estos momentos difíciles sin perder el control ni tomar decisiones impulsivas. Ser resiliente significa aceptar que habrá días malos, que no siempre ganarás y que las pérdidas son parte del proceso. Pero lo más importante es cómo reaccionas ante esas pérdidas. Un trader con resiliencia mental no se deja llevar por la desesperación ni se rinde. En lugar de eso, analiza lo que salió mal, aprende de la experiencia y sigue adelante.

Uno de los primeros pasos para desarrollar resiliencia mental es tener una mentalidad de crecimiento. Esto significa que debes ver cada error o fracaso como una oportunidad para aprender y mejorar. Si piensas que cada error es una señal de que no eres lo suficientemente bueno o de que nunca tendrás éxito, será mucho más difícil para ti seguir adelante cuando enfrentes desafíos. Pero si puedes ver esos errores como lecciones valiosas, estarás en una mejor posición para mejorar con el tiempo. En el trading, esto es especialmente importante porque cometerás errores, y es natural que algunas operaciones no salgan como esperabas.

La clave está en aprender de cada experiencia y usar ese conocimiento para tomar mejores decisiones en el futuro.

La resiliencia mental también implica tener control sobre tus emociones. En el trading, las emociones pueden ser tus peores enemigas. Cuando las cosas van bien, es fácil sentirse eufórico y confiado, pero también es fácil caer en la trampa de la avaricia y tomar más riesgos de los necesarios. Por otro lado, cuando las cosas van mal, es común sentir miedo o desesperación, lo que puede llevar a decisiones apresuradas y mal calculadas. Desarrollar resiliencia mental significa aprender a manejar estas emociones y no dejar que dicten tus decisiones. Esto no quiere decir que debas ignorar tus sentimientos por completo, pero sí que debes aprender a reconocer cuando tus emociones están interfiriendo con tu capacidad de pensar con claridad. Un trader resiliente es capaz de mantener la calma bajo presión y seguir su plan, sin importar lo que esté sucediendo en el mercado.

Otro aspecto fundamental de la resiliencia mental es la capacidad de mantener la confianza en ti mismo y en tu estrategia, incluso cuando atraviesas una racha de pérdidas. Es muy fácil perder la confianza cuando enfrentas una serie de operaciones fallidas, pero es importante recordar que una racha de pérdidas no define tu habilidad como trader. Todos los traders, incluso los más exitosos, pasan por momentos difíciles en los que parecen no poder ganar una sola operación. La resiliencia mental te ayuda a mantener la confianza en esos momentos y seguir adelante con la seguridad de que las cosas eventualmente mejorarán. Esto no significa que debas ser terco y no cambiar nada; al contrario, ser resiliente implica estar dispuesto a ajustar tu enfoque si es necesario, pero sin perder la confianza en ti mismo y en tu capacidad para tener éxito a largo plazo.

La paciencia es otra cualidad clave en la resiliencia mental. En el trading, no siempre verás resultados inmediatos, y es importante que seas paciente y perseverante. La resiliencia mental te ayuda a entender que el éxito en el trading no llega de la noche a la mañana.

Tomará tiempo desarrollar las habilidades y la experiencia necesarias para ser consistentemente rentable, y durante ese tiempo, es probable que enfrentes varios obstáculos. Un trader con resiliencia mental no se rinde fácilmente, sino que está dispuesto a trabajar duro, ser paciente y seguir adelante a pesar de los desafíos. La paciencia también te ayuda a evitar la tentación de hacer trading impulsivo, ya que eres capaz de esperar las oportunidades correctas en lugar de actuar solo por el deseo de obtener ganancias rápidas.

Una forma efectiva de desarrollar resiliencia mental es tener una rutina de autocuidado. El trading puede ser muy demandante mental y emocionalmente, por lo que es importante que te cuides tanto física como mentalmente. Esto incluye tener buenos hábitos de sueño, hacer ejercicio regularmente, y asegurarte de tomar descansos cuando lo necesites. Un trader agotado o estresado no podrá tomar decisiones racionales y es más propenso a cometer errores. Cuidar de tu bienestar personal no solo te ayudará a ser más resiliente, sino que también mejorará tu rendimiento en el trading. Además, actividades como la meditación o la práctica de la atención plena pueden ser muy útiles para ayudarte a manejar el estrés y mantener el enfoque.

También es importante rodearte de un entorno positivo que te apoye en tu proceso de crecimiento. La resiliencia mental se fortalece cuando tienes a tu alrededor personas que te motivan, te dan ánimos y te ayudan a ver las cosas desde una perspectiva más amplia. Esto puede ser un mentor, un grupo de traders con quienes compartir experiencias o simplemente amigos y familiares que te apoyen en los momentos difíciles. Hablar con otras personas sobre tus desafíos y escuchar cómo ellos han superado los suyos puede ser una gran fuente de inspiración y te ayudará a mantenerte resiliente, incluso cuando enfrentes momentos de duda o incertidumbre.

Finalmente, la resiliencia mental requiere aceptar que el trading es un juego a largo plazo. No se trata de ganar hoy o mañana, sino de construir una carrera que sea sostenible y rentable a lo largo del tiempo. Esto significa que habrá altibajos, pero mientras sigas aprendiendo, mejorando y ajustando tu estrategia, estarás en el camino correcto. Desarrollar resiliencia mental te permitirá mantener esta visión a largo plazo, sin sentirte desanimado por los contratiempos temporales. Recuerda que el éxito en el trading no es cuestión de suerte, sino de perseverancia, disciplina y la capacidad de recuperarte de los desafíos.

En resumen, desarrollar resiliencia mental es fundamental para tener éxito en el trading. Implica tener una mentalidad de crecimiento, controlar tus emociones, mantener la confianza, ser paciente y cuidar de tu bienestar personal. El camino hacia el éxito no siempre será fácil, pero con resiliencia mental, estarás mejor preparado para enfrentar los desafíos, aprender de ellos y seguir adelante con determinación. La resiliencia no solo te ayudará en el trading, sino también en la vida en general, ya que te permitirá superar cualquier obstáculo que se te presente y mantener el enfoque en tus metas a largo plazo.

Lecciones Aprendidas de Grandes Crisis Financieras

Las crisis financieras han sido parte de la historia económica desde hace siglos. Son momentos en los que todo parece derrumbarse, donde el pánico se apodera de los mercados y las decisiones impulsivas se convierten en la norma. Para los traders, cada una de estas crisis representa una lección invaluable sobre cómo manejar el riesgo, controlar las emociones y aprender de los errores. En este capítulo, vamos a explorar algunas de las grandes crisis financieras de la historia y las lecciones que podemos extraer de ellas. Estas lecciones no solo son útiles para los traders, sino también para cualquier persona que desee entender cómo funcionan los mercados y cómo sobrevivir a los momentos de turbulencia.

Una de las crisis más recordadas es la Gran Depresión de 1929. Este colapso económico afectó no solo a Estados Unidos, sino también a gran parte del mundo. Todo comenzó con el desplome de la bolsa de valores en octubre de ese año, lo que provocó que miles de inversores perdieran sus fortunas de la noche a la mañana. La lección más importante que podemos aprender de este evento es la importancia de no dejarse llevar por la euforia del mercado. En los años previos a la caída, el mercado de valores había experimentado un crecimiento exponencial, lo que llevó a muchos a invertir sin considerar el riesgo. El optimismo desmedido cegó a los inversores, quienes creían que los precios seguirían subiendo indefinidamente. Sin embargo, el mercado eventualmente se corrigió y el pánico se apoderó de todos. Esto nos enseña que, aunque el mercado pueda parecer estar en constante ascenso, siempre es necesario tener una estrategia sólida y no confiar ciegamente en que los precios seguirán subiendo para siempre.

Otra crisis financiera que dejó importantes lecciones fue la burbuja de las puntocom en el año 2000. En esa época, el auge de las empresas de tecnología llevó a una fiebre de inversiones en el sector. Todo lo que tuviera relación con internet parecía ser una apuesta segura, y muchos inversores invirtieron en acciones de empresas que ni siquiera generaban ganancias reales. Al igual que en la Gran Depresión, la lección aquí es que la euforia del mercado puede ser peligrosa. En el mundo del trading, es muy fácil dejarse llevar por las tendencias y saltar a la moda del momento, pero es crucial recordar que no todas las empresas, sectores o activos son una inversión sólida solo porque están en auge. Muchas de las empresas de la burbuja de las puntocom no sobrevivieron al colapso del mercado, y aquellos que invirtieron en ellas sin investigar adecuadamente o sin considerar los riesgos, perdieron grandes sumas de dinero. La clave es siempre hacer tu propia investigación y no basar tus decisiones únicamente en lo que está de moda.

Una lección similar se puede extraer de la crisis financiera de 2008, cuando el mercado inmobiliario de Estados Unidos colapsó y llevó consigo a los mercados financieros globales. Este evento mostró cómo los problemas en un sector aparentemente estable, como el mercado de la vivienda, pueden desencadenar un efecto dominó que afecta a toda la economía. Una de las lecciones más importantes de esta crisis es la necesidad de entender los riesgos ocultos en los mercados. En el caso de la crisis de 2008, muchos inversores no entendían la complejidad de los productos financieros que estaban comprando, como los valores respaldados por hipotecas. La falta de transparencia en estos productos hizo que fuera difícil para muchos evaluar el riesgo real al que estaban expuestos. Como trader, es fundamental que siempre entiendas en qué estás invirtiendo y que seas consciente de los riesgos involucrados. Si algo parece demasiado complicado o confuso, es mejor evitarlo hasta que tengas un conocimiento completo de cómo funciona.

Otra lección clave de la crisis de 2008 es la importancia de la gestión del riesgo. Durante la burbuja inmobiliaria, muchos inversores y bancos asumieron riesgos excesivos, confiando en que los precios de las viviendas seguirían subiendo indefinidamente. Cuando los precios comenzaron a caer, se desató una crisis de proporciones épicas. Esta situación resalta la importancia de no apalancarse en exceso, es decir, no tomar prestado más dinero del que realmente puedes manejar en caso de que el mercado no se comporte como esperabas. En el trading, el uso del apalancamiento puede ser una herramienta poderosa, pero también puede ser extremadamente peligroso si no se utiliza con cuidado. La gestión adecuada del riesgo, incluyendo el control de cuánto estás dispuesto a perder en una operación, es fundamental para sobrevivir a los períodos de alta volatilidad.

La pandemia de COVID-19 en 2020 también trajo consigo una crisis económica global que afectó los mercados de formas impredecibles. En cuestión de semanas, las bolsas de valores de todo el mundo sufrieron caídas drásticas a medida que los inversores reaccionaban al impacto de la pandemia. Sin embargo, lo interesante de esta crisis es que también mostró cuán rápido los mercados pueden recuperarse. A pesar del pánico inicial, los mercados se recuperaron en un tiempo récord, impulsados en gran parte por los estímulos económicos de los gobiernos y los bancos centrales. Una de las lecciones de esta crisis es que, aunque el pánico pueda apoderarse de los mercados en momentos de incertidumbre, también es importante no perder de vista el panorama general. Muchos inversores que vendieron en el punto más bajo de la crisis perdieron la oportunidad de beneficiarse de la recuperación que vino después. Esta situación nos enseña que, en momentos de alta volatilidad, es importante mantener la calma, seguir tu plan de trading y no tomar decisiones impulsivas basadas en el miedo.

Cada crisis financiera nos recuerda que los mercados son volátiles y que siempre habrá períodos de incertidumbre. Como trader, es esencial aprender a aceptar esta realidad y desarrollar una mentalidad que te permita sobrevivir a los altibajos del mercado. Las crisis no son el fin del mundo, aunque en el momento pueden parecerlo. De hecho, muchas veces representan oportunidades para aquellos que están preparados y saben cómo manejarlas. Las lecciones aprendidas de las crisis pasadas nos enseñan la importancia de la paciencia, la gestión del riesgo, el control emocional y la investigación cuidadosa. Si puedes aplicar estas lecciones en tu propio trading, estarás mejor preparado para enfrentar cualquier crisis que pueda surgir en el futuro.

Finalmente, es importante recordar que las crisis no solo son económicas, sino también emocionales. La presión y el estrés que generan pueden afectar tu salud mental y tu toma de decisiones. Por eso, una de las lecciones más valiosas de cualquier crisis es aprender a cuidar de ti mismo. Mantener la calma, tener una mentalidad positiva y ser resiliente te ayudará a atravesar incluso los momentos más difíciles en el trading y en la vida. Las crisis son inevitables, pero con las lecciones correctas, puedes no solo sobrevivirlas, sino también salir más fuerte de ellas.

El Camino del Trader Novato a Experto

El camino que recorre un trader desde que es novato hasta que se convierte en un experto está lleno de desafíos, aprendizajes y muchas experiencias que moldean su manera de operar en los mercados. Al principio, todo parece nuevo y, a veces, abrumador. Hay una gran cantidad de información por aprender, términos que parecen complejos y estrategias que suenan demasiado técnicas. Sin embargo, con el tiempo, cada uno de estos elementos comienza a tener sentido, y lo que antes parecía complicado se va volviendo más claro. El viaje de un trader es un proceso que requiere tiempo, paciencia y, sobre todo, la disposición para cometer errores y aprender de ellos.

Cuando un trader comienza, a menudo lo hace con grandes expectativas. Es fácil creer que el trading es un camino rápido hacia la riqueza, influenciado por historias de éxito que circulan en internet o redes sociales. Muchos novatos llegan pensando que en unos meses podrán generar ingresos significativos y cambiar su vida. Sin embargo, la realidad es muy diferente. El trading no es un esquema para hacerse rico rápido. En lugar de eso, es una habilidad que se desarrolla con práctica, paciencia y mucha disciplina. Los traders expertos saben que los beneficios consistentes no llegan de la noche a la mañana, y parte del proceso de aprendizaje consiste en ajustar esas expectativas iniciales para ser más realistas.

El primer gran obstáculo para los novatos suele ser el control de las emociones. Al principio, el miedo y la codicia juegan un papel muy importante en sus decisiones. Es común que, después de una primera pérdida, el trader novato entre en pánico y cierre una operación antes de tiempo o, por el contrario, que mantenga una posición demasiado tiempo esperando que el mercado cambie de dirección. Las emociones son una de las principales razones por las que los traders principiantes tienden a perder dinero en sus primeras etapas. La lección aquí es que aprender a controlar las emociones es clave para avanzar en el camino hacia el éxito. Los traders expertos no permiten que el miedo o la codicia influyan en sus decisiones; en lugar de eso, se apegan a su plan de trading y confían en su análisis.

Otro aspecto importante en este viaje es la educación continua. Al principio, un trader novato suele dedicarse a leer libros, ver videos y seguir a otros traders con más experiencia para aprender las bases. Esta es una etapa crítica, ya que la información que se absorba en este punto será la base sobre la que se construirá el conocimiento futuro. Sin embargo, el aprendizaje no termina aquí. Un trader experto sabe que el mercado está en constante cambio, y por lo tanto, es necesario seguir aprendiendo y adaptándose. A medida que avanza en su carrera, un trader continúa estudiando nuevas estrategias, técnicas y adaptándose a las tendencias del mercado. La diferencia entre un trader novato y uno experto radica en la capacidad de seguir aprendiendo y mejorar con el tiempo.

En este proceso, cometer errores es inevitable. Todo trader, sin importar su nivel de experiencia, ha pasado por momentos de pérdida. Sin embargo, lo que diferencia a un novato de un experto es cómo se manejan esos errores. Un trader principiante puede sentirse desanimado después de una pérdida y quizás decida rendirse o cambiar su estrategia de inmediato, sin detenerse a analizar lo que salió mal. Por otro lado, un trader experto ve las pérdidas como una oportunidad para aprender. Evalúa qué errores cometió, ajusta su plan y sigue adelante. Las pérdidas no deben verse como fracasos, sino como lecciones valiosas que te acercan más a la maestría. Cada operación, ganadora o perdedora, es una oportunidad para mejorar.

Una vez que el trader principiante empieza a ganar más confianza, es común que experimente una etapa de excesiva confianza o arrogancia. Después de obtener algunas ganancias, es fácil caer en la trampa de pensar que el éxito está garantizado. Esto puede llevar a tomar decisiones apresuradas o arriesgadas, lo que a menudo resulta en pérdidas inesperadas. En este punto, el trader comienza a aprender la importancia de la humildad. No importa cuántas veces se haya tenido éxito en el pasado, el mercado siempre puede sorprenderte, y un trader experto lo sabe. Parte del crecimiento personal en este camino es aprender a mantener la calma y no dejarse llevar por la euforia después de unas cuantas victorias.

Además, a medida que un trader se convierte en experto, aprende la importancia de tener una estrategia sólida. Al principio, es común que los novatos salten de una estrategia a otra, probando diferentes enfoques y esperando encontrar "la fórmula mágica". Sin embargo, los traders expertos saben que no existe tal cosa. En lugar de buscar el sistema perfecto, se enfocan en desarrollar una estrategia que funcione para ellos, una que esté alineada con su estilo de trading, tolerancia al riesgo y objetivos personales. Más allá de las estrategias, también aprenden a confiar en sus propias habilidades y análisis, en lugar de seguir ciegamente las opiniones de otros.

La disciplina también juega un papel crucial en el camino hacia el éxito. Los traders expertos entienden que el éxito a largo plazo no depende de obtener grandes ganancias rápidamente, sino de mantener la consistencia a lo largo del tiempo. Esto implica seguir el plan de trading sin desviarse, incluso cuando las emociones intentan interferir. Un trader novato puede sentir la tentación de entrar o salir de una operación antes de tiempo, o de arriesgar más de lo que debería. Sin embargo, un trader experimentado sabe que la disciplina es clave para evitar errores costosos y mantener una mentalidad centrada.

Finalmente, un aspecto que a menudo se subestima en el camino del trader es el equilibrio personal. El trading puede ser mentalmente agotador, especialmente en los primeros años. Un trader novato puede pasar horas frente a la pantalla, analizando gráficos y buscando la próxima oportunidad. Con el tiempo, se da cuenta de que el equilibrio es esencial. Los traders expertos saben que, para tener éxito, también es necesario cuidar de la salud mental y física. Esto implica tomarse descansos, desconectar del mercado y tener una vida equilibrada fuera del trading. El éxito no solo se mide en términos de ganancias, sino también en la calidad de vida y bienestar personal.

El camino de un trader novato a experto es largo y, en muchos casos, lleno de obstáculos. Sin embargo, con cada paso que se da, el trader se vuelve más sabio, más disciplinado y más consciente de cómo navegar por los mercados. No hay atajos en este viaje, pero aquellos que perseveran y están dispuestos a aprender de sus errores, a educarse constantemente y a mantener el control emocional, encontrarán que, con el tiempo, el éxito en el trading es una realidad alcanzable.

Trading y Vida Personal

El trading puede ser una actividad absorbente, donde los mercados financieros, las gráficas y las noticias económicas se convierten en parte fundamental de la rutina diaria. Sin embargo, también es importante recordar que, aunque el trading puede ser apasionante y demandante, no debe absorber por completo la vida personal. Uno de los mayores retos para quienes se dedican al trading, ya sea como una actividad de tiempo completo o parcial, es encontrar el equilibrio entre el trabajo y la vida personal. Y es que, cuando el trading se convierte en una prioridad absoluta, puede llegar a afectar las relaciones, la salud y la felicidad general.

Uno de los primeros puntos que un trader debe tener claro es la necesidad de establecer límites. Es fácil caer en la trampa de estar siempre pendiente del mercado, especialmente cuando se está operando en mercados que funcionan 24 horas, como el de divisas o criptomonedas. El constante movimiento de precios y las oportunidades que pueden surgir en cualquier momento pueden generar ansiedad y una sensación de urgencia por estar siempre conectado. Sin embargo, si un trader no establece horarios claros para trabajar y desconectar, el trading puede invadir todas las áreas de su vida. Esto puede llevar a descuidar la salud, las relaciones familiares o incluso hobbies y actividades que antes disfrutaba.

Además de establecer horarios, también es fundamental que los traders aprendan a desconectar mentalmente cuando no están operando. Una cosa es alejarse físicamente de la pantalla, pero otra muy distinta es lograr dejar de pensar en el mercado. Muchos traders novatos se obsesionan con sus decisiones, repasando mentalmente las operaciones que hicieron o que piensan hacer al día siguiente. Esta actitud no solo es agotadora, sino que también puede generar un estrés innecesario. Desconectar significa permitir que la mente descanse, que se enfoque en otras actividades que no tienen nada que ver con el trading. Al final, esto no solo beneficia la vida personal, sino también el rendimiento en los mercados, ya que una mente descansada es mucho más eficiente al tomar decisiones.

Otro aspecto importante del balance entre trading y vida personal es el impacto emocional que puede tener. El trading, por su naturaleza, implica asumir riesgos y, en ocasiones, pérdidas. Estas pérdidas, si no se manejan correctamente, pueden generar frustración, ansiedad o incluso sentimientos de fracaso. Es fundamental que los traders sepan separar su identidad personal de sus resultados en el mercado. Tener una operación perdedora no significa que el trader haya fallado como persona, y es esencial que esta mentalidad no traspase a la vida personal. Cuando un trader permite que sus pérdidas afecten su estado emocional y, a su vez, su interacción con los demás, el desequilibrio se vuelve evidente. La clave está en mantener una actitud profesional ante el trading, entendiendo que forma parte de un proceso más amplio, pero que no define quién eres fuera de los mercados.

El apoyo de la familia y amigos es crucial para mantener un equilibrio saludable. A menudo, los traders trabajan desde casa, lo que puede dificultar que sus seres queridos comprendan completamente lo que implica su trabajo. Es común que algunos familiares piensen que, por estar en casa, el trader está disponible en todo momento o que su actividad no es "tan seria". Explicar el compromiso que el trading requiere puede ayudar a mejorar la comprensión y el respeto mutuo por el tiempo y los espacios personales. Al mismo tiempo, es importante que el trader también entienda que, aunque el trading es una parte significativa de su vida, no debe reemplazar el tiempo de calidad con los seres queridos.

Uno de los grandes riesgos de dedicarse al trading es que, cuando las cosas van mal en el mercado, puede ser tentador trabajar más horas o revisar constantemente los gráficos en busca de una solución rápida. Sin embargo, esto rara vez es productivo. De hecho, cuando un trader está emocionalmente afectado, es más probable que tome decisiones impulsivas o imprudentes, lo que puede empeorar la situación. En estos momentos, es cuando es más importante dar un paso atrás, respirar y enfocarse en otras áreas de la vida. Salir a caminar, pasar tiempo con la familia o dedicarse a una actividad relajante puede ayudar a despejar la mente y volver al mercado con una perspectiva renovada.

También es vital que los traders se mantengan físicamente activos. El trading es una actividad que, en la mayoría de los casos, se realiza sentado frente a una computadora por largas horas. La falta de ejercicio físico no solo afecta la salud física, sino también la mental. Está comprobado que el ejercicio ayuda a reducir el estrés, mejora la concentración y promueve un estado de ánimo positivo. Dedicar tiempo a la actividad física, aunque sea caminar unos minutos al día, puede tener un impacto significativo en la capacidad de un trader para manejar las presiones del mercado y mantener una vida personal equilibrada.

Por último, es importante que un trader tenga pasatiempos y actividades fuera del mercado. Tener intereses diversos es clave para mantener una vida equilibrada. Puede ser leer un buen libro, practicar un deporte, aprender una nueva habilidad o simplemente pasar tiempo con amigos. Estas actividades no solo ayudan a relajarse, sino que también proporcionan una perspectiva más amplia de la vida. Al tener otras áreas que aporten felicidad y satisfacción, el trading deja de ser el único factor que determina el bienestar emocional. Es más fácil manejar las pérdidas o los días difíciles en el mercado cuando se tiene una vida rica en otros aspectos.

El trading puede ser una carrera muy satisfactoria, pero también es una actividad que requiere una mentalidad fuerte y un enfoque disciplinado. Lograr el equilibrio entre el trading y la vida personal es un desafío que muchos traders enfrentan, pero es esencial para el éxito a largo plazo. Mantener ese balance no solo mejorará la calidad de vida del trader, sino que también lo hará más eficaz en su trabajo, ya que una mente clara y equilibrada siempre tomará mejores decisiones. El trading es solo una parte de la vida, y al final del día, lo que realmente importa son las relaciones, la salud y el bienestar general. Aprender a equilibrar estos aspectos es lo que permitirá disfrutar plenamente de ambos mundos.

www.ingramcontent.com/pod-product-compliance
Lightning Source LLC
Chambersburg PA
CBHW051847130726
47987CB00002B/724